AUGUSTE RENOIR,
LE PEINTRE DU BONHEUR

Aux sources de l'impressionnisme

par Eliane Reynold de Sérésin

50MINUTES

Avec la collaboration d'Angélique Demur

50MINUTES

CULTIVEZ-VOUS
SANS MODÉRATION !

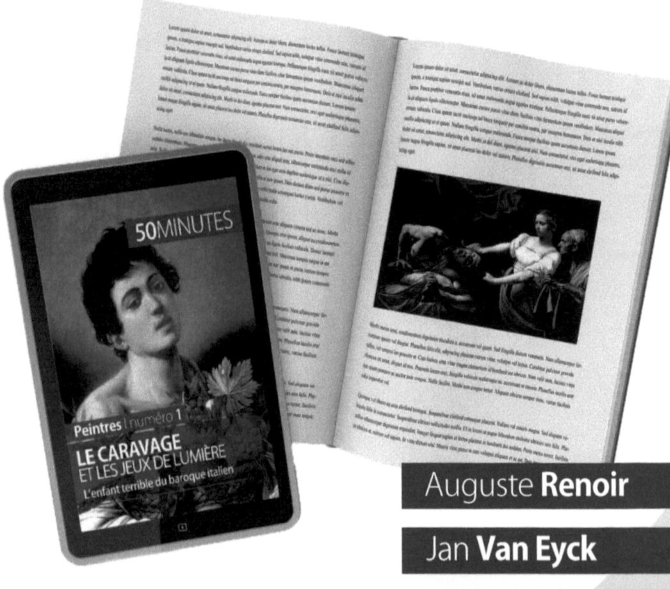

Auguste **Renoir**

Jan **Van Eyck**

Johannes **Vermeer**

Gustav **Klimt**

Eugène **Delacroix**

www.50minutes.com

AUGUSTE RENOIR

- **Naissance ?** Né le 25 février 1841 à Limoges.
- **Mort ?** Décédé le 3 décembre 1919 à Cagnes-sur-Mer.
- **Contexte ?** La seconde moitié du XIXe siècle, une époque d'importants changements sociaux, avec l'émergence des loisirs, et de renouvellement artistique, avec la naissance du mouvement impressionniste.
- **Œuvres majeures ?**
  - *La Grenouillère* (1869)
  - *La Loge* (1874)
  - *La Balançoire* (1876)
  - *Bal au Moulin de la Galette* (1876)
  - *Le Déjeuner des canotiers* (vers 1880)
  - *Les Parapluies* (1881-1886)
  - *Les Grandes Baigneuses* (1884-1887)
  - *Jeunes Filles au piano* (1892)

Pierre-Auguste Renoir naît au XIXe siècle, au cœur d'une France secouée par d'importants bouleversements économiques, politiques et socioculturels qui ancrent le pays dans la modernité. Il est l'un des représentants majeurs d'un mouvement artistique venu dépoussiérer l'art officiel : l'impressionnisme. Ce courant, qui éclot à la fin du XIXe siècle, met à mal l'académisme en abolissant la hiérarchisation des genres, et en faisant la part belle aux paysages, à la couleur et à l'instantanéité. Influencés par Jean-Baptiste Camille Corot (1796-1875), Narcisse Díaz de la Peña (1807-1876), l'école de Barbizon de Théodore Rousseau (1812-1867), Jean-François Millet (1814-1875), Charles-François Daubigny (1817-1878) et le réalisme de Gustave Courbet (1819-1877), les impressionnistes sont également loin d'être insensibles aux propositions révolutionnaires d'Édouard Manet (1832-1883).

Pierre-Auguste Renoir fonde ce mouvement pictural aux côtés de Camille Pissarro (1830-1903), Edgard Degas (1834-1917), Alfred Sisley (1839-1899), Claude Monet (1840-1926) et Berthe Morisot (1841-1895) lors d'une exposition en 1874. Cet événement a lieu en marge du Salon officiel et compte une vingtaine d'exposants. Longtemps décrié, raillé, incompris, cet art novateur qui bouscule les conventions académiques est aujourd'hui un mouvement incontournable de l'histoire de l'art, et Pierre-Auguste Renoir l'un de ses plus illustres représentants.

CONTEXTE

UNE RÉVOLUTION DE L'INTÉRIEUR

La France, depuis la Révolution de 1789, connaît une période de troubles importants. Si le Premier Empire (1804-1814) pose les bases de la modernité, force est de constater qu'à partir de 1815, l'heure est à l'instabilité politique. En effet, après le règne de Napoléon Ier (1769-1821), la restauration de la monarchie constitutionnelle n'est pas gage de constance, puisque deux révolutions auront raison d'elle. Pierre-Auguste Renoir naît entre ces deux révoltes populaires qui défendent les libertés et les droits acquis lors de la Révolution française de 1789 et aboutissent toutes deux à des changements de régime :

- la révolution de 1830 met fin à la seconde Restauration et au règne de Charles X (1757-1836) et a pour conséquence l'avènement de la monarchie dite de Juillet, avec Louis-Philippe Ier (1773-1850) ;
- celle de février 1848 abolit la monarchie au profit de la Deuxième République (1848-1851), à laquelle succède le Second Empire (1852-1870) de Louis-Napoléon Bonaparte (1808-1873), futur Napoléon III.

Mais la guerre contre la Prusse, en 1870, plonge la France dans le chaos, et Paris se retrouve assiégé. Dès lors, de nombreux artistes fuient leur pays, tels Claude Monet, Frédéric Bazille (1841-1870) et bien d'autres, pour traverser la Manche. En Angleterre, ces peintres font une rencontre décisive avec le marchand d'art Paul Durand-Ruel (1831-1922). Et si Renoir décide, au contraire, de s'engager aux côtés de ses compatriotes, la proximité de ses amis, rencontrés auparavant dans l'atelier de Charles Gleyre (1806-1874), avec le marchand, aura une influence décisive sur sa carrière. En effet, dès 1872, Durand-Ruel devient l'un des mécènes de Renoir.

Le Second Empire de Napoléon III ne tient donc pas ses promesses, et la capitulation de Sedan contre les Prussiens le 2 septembre 1870 met le feu aux poudres. Née de cette défaite, la révolte populaire de la Commune, en 1871, révoque l'Empire au profit de la Troisième République, grâce à laquelle le pays retrouve enfin une certaine stabilité.

Dans ce contexte de soubresauts politiques, l'ordre établi est constamment bouleversé. Cette remise en cause ne connaît aucune frontière, et les arts et les lettres ne sont pas épargnés. Instauré sous le règne de Louis XIV (1638-1715), le Salon qui expose l'art officiel est mis à mal, de même que l'académisme et ses règles immuables. Renoir et les impressionnistes révolutionnent l'histoire de l'art, incarnant la rupture entre l'académisme et l'art moderne. Ils se détournent du dessin au profit de la couleur, cessent d'idéaliser les sujets pour les reproduire tels qu'ils les voient et peignent en plein air, faisant de la nature leur thème de prédilection.

Le Salon

Née en 1648, l'Académie royale de peinture et de sculpture organise dès 1667 une exposition destinée à présenter les œuvres des artistes qu'elle reconnaît. En 1725, cette manifestation artistique a lieu dans le Grand Salon du Louvre, ce qui explique son nom : le Salon. À partir de 1737, organisé de façon régulière, il devient une véritable institution. Seuls sont admis au Salon les artistes qui incarnent l'art officiel. L'Académie classifie les genres de manière stricte : la peinture d'histoire, allégorique ou religieuse, prévaut sur le portrait, puis sur la peinture de genre, le paysage et la nature morte. Les sujets doivent être idéalisés et l'Antiquité gréco-romaine constitue la référence absolue. En 1863, en raison d'un trop grand nombre d'œuvres refusées, Napoléon III décide de créer le Salon des refusés, auquel participeront souvent les impressionnistes.

LE SOLEIL SE LÈVE À L'EST

Le contexte politique mondial joue également un rôle prépondérant sur les arts. En effet, l'arrivée de la flotte américaine dans la baie d'Edo, en 1853, marque l'ouverture du Japon sur le monde. L'Exposition universelle de 1867 fait la part belle à l'Orient, et notamment au « monde flottant » de l'*Ukiyo-e*. Cette influence du pays du Soleil Levant sur la société française, que l'on désignera dès lors sous le terme de « japonisme », bouleverse intrinsèquement les arts.

Le japonisme offre un regard nouveau sur les codes de la composition artistique, le cadrage, la perspective et le choix des sujets, ce qui ne laisse pas les impressionnistes indifférents. Ceux-ci accordent une place prépondérante à la représentation de la vie quotidienne, des paysages et du spectacle éphémère de la nature. Chez Renoir, on constate l'introduction de l'iconographie japonaise, comme l'éventail, dans *La Femme à l'éventail* (1881) ou *Danse à la campagne* (1883), par exemple.

Edmond de Goncourt (1822-1896), à cet égard, note dans son journal : « Et quand je disais que le japonisme était en train de révolutionner l'optique des peuples occidentaux... » (*Journal*, 19 avril 1884, tome II, p. 1065, in CABANÈS (Jean-Louis) *et alii*, *Les Goncourt dans leur siècle. Un siècle de « Goncourt »*, Paris, Presses universitaires du Septentrion, p. 150)

LE SIÈCLE DE LA MODERNITÉ

Parallèlement aux bouleversements politiques, la révolution industrielle, venue d'Angleterre à partir de la fin du XVIIIe siècle, fait entrer la France dans la modernité. L'émergence de nouveaux matériaux de construction redéfinit l'esthétisme architectural des centres urbains. Ponts, pavillons d'exposition ou monuments (la tour Eiffel, par exemple) sont parés de cette dentelle de fer caractéristique du XIXe siècle, et la silhouette de Paris change sous la houlette du préfet Haussmann (1809-1891).

Renoir, vivant non loin du Louvre et des pavillons disparates des anciennes halles, voit sa famille obligée de déménager pour éviter une expropriation. C'est sans doute pour cela qu'il ne représente presque jamais les larges boulevards, symboles du Paris aéré cher à Napoléon III. On assiste par ailleurs au développement des voies de communication. La locomotive, inventée en 1804 par Richard Trevithick (1771-1833), et la construction des gares influent sur l'exode rural et rendent peu à peu la capitale accessible aux nombreux touristes, et la campagne aux artistes parisiens.

Alors que la modernité devient le motif premier de certains impressionnistes, Renoir préfère peindre les implications du progrès sur la vie quotidienne. Car ce siècle d'inventions n'est pas sans conséquence sur les habitudes de la population.

SUR LES BERGES DE LA SEINE

Les bateaux-mouches, créés au milieu du XIXe siècle, offrent un nouveau regard sur la Seine (et un nouvel accès). Dès 1860, les sports nautiques et le canotage sont très prisés et se démocratisent. Dès lors, les berges de la Seine deviennent les lieux d'oisiveté privilégiés des dimanches après-midi, et l'on voit éclore, çà et là, les incontournables guinguettes. Renoir saisit mieux que personne la joie procurent ces nouveaux loisirs – bals en plein air, parties de campagne – dont la société parisienne est friande. Ainsi son *Déjeuner des canotiers* est un témoignage majeur de ces scènes populaires qui ponctuaient le quotidien de la société du XIXe siècle.

Pour autant, ces instants volés, ces témoignages fondamentaux de la vie au XIXe siècle, n'auraient pu être restitués fidèlement sans l'invention, en 1859, des tubes de peinture par Lefranc. Désormais, les toiles ne naissent plus d'un travail de mémoire en atelier ni d'une construction intellectuelle, mais elles sont la reproduction fidèle de ce que les peintres ont sous leurs yeux, en plein air. L'importance de cette instantanéité, de cette fugacité, est évidemment mise à l'honneur par la photographie, inventée par Nicéphore Niepce (1765-1833) en 1826. Ce n'est plus l'idéalisation ni l'intellectualisation qui importe, mais la vérité du fugitif, du transitoire, obtenue par un travail sur les touches de couleurs juxtaposées, développé par la loi sur le contraste simultané des couleurs de Michel-Eugène Chevreul (1786-1889), publiée en 1839 : « Le ton de deux plages de couleur paraît plus différent lorsqu'on les observe juxtaposées que lorsqu'on les observe séparément, sur un fond neutre commun. »

BIOGRAPHIE

UNE ENFANCE AU LOUVRE

Pierre-Auguste Renoir naît le 25 février 1841 à Limoges, au sein d'une famille modeste composée de sept enfants dont il est l'avant-dernier. À la mort de son grand-père, en 1844, ses parents s'installent dans la capitale, dans l'espoir d'un avenir meilleur. Son père, Léonard Renoir, est tailleur et sa mère, Marguerite Merlet, est couturière. Inscrit chez les Frères des écoles chrétiennes, Renoir suit également à Saint-Eustache, non loin des Halles, des cours de chant dispensés par Charles Gounod (1818-1893), qui repère rapidement la voix cristalline de l'enfant. Mais les difficultés financières de ses parents les amènent à placer leur fils, dès l'âge de 13 ans, dans un atelier de peinture sur porcelaine. S'il subvient aux besoins de sa famille, Renoir n'abandonne pas pour autant son idéal : devenir peintre. Aussi occupe-t-il son temps libre à arpenter le Louvre.

En 1858, en raison de la mécanisation, l'atelier ferme. Renoir devient alors décorateur de stores et d'éventails, sur lesquels il peint des fêtes galantes inspirées des travaux de Jean-Antoine Watteau (1684-1721) ou de François Boucher (1703-1770), à qui il doit ses premiers émois artistiques. En 1862, il réussit le concours de l'École des beaux-arts et fréquente l'atelier libre de Charles Gleyre (1806-1874), où il rencontre Bazille, Sisley et Monet – le futur noyau du groupe impressionniste. Se réunissant le soir à la closerie des Lilas, les artistes rêvent de brûler le Louvre. En 1863, l'atelier de Gleyre ferme, signant le début de l'apprentissage en plein air.

LA BOHÈME EN PLEIN AIR

Renoir, Sisley, Monet, Bazille et bien d'autres pérégrinent dans la forêt de Fontainebleau, à Chailly-en-Bière, Chatou, Bougival ou encore Marlotte. Chevalet sous le bras et tubes de peinture en bandoulière, les jeunes artistes peignent « sur le motif ». C'est au cœur de la nature que Renoir croise Narcisse Díaz de la Peña, dont l'influence sur sa carrière sera décisive. Observant sa toile, celui-ci lui conseille d'abandonner le noir. À Marlotte, Renoir rencontre le peintre Jules le Cœur (1832-1882), portraituré dans le *Cabaret de la Mère Anthony* (1866), qui lui présente sa première muse, Lise Tréhot. Celle-ci devient la maîtresse du peintre et lui donne deux enfants qu'il ne reconnaîtra pas.

Trois ans après l'acceptation de *L'Esméralda* (1864) au Salon officiel, *Lise à l'ombrelle* (1867) est admise en 1867 et connaît un certain succès. Bien qu'il ne soit pas exposé au Salon chaque année, le peintre conserve son enthousiasme. Sa touche se fragmente et les contours de ses sujets deviennent flous : il s'agit là des caractéristiques encore balbutiantes de l'impressionnisme, comme le montre *La Grenouillère* en 1869. Seule la guerre contre la Prusse, en 1870, met entre parenthèses la vie insouciante des jeunes artistes : Renoir s'engage et est blessé. Il rencontre ensuite le marchand Paul Durand-Ruel qui, dès 1872, lui achète ses œuvres.

En 1874, incompris du public, Renoir et ses amis, accompagnés de Berthe Morisot, Camille Pissarro ou encore Edgar Degas, fondent leur propre exposition : la Société anonyme coopérative des artistes peintres, sculpteurs et graveurs. L'événement a lieu dans l'atelier du célèbre photographe Gaspard-Félix Tournachon (1820-1910), dit Nadar. Si le succès escompté n'est pas au rendez-vous, le retentissement de cette exposition sera rarement égalé et donne corps au mouvement impressionniste. *La Loge* (1874), de Renoir, est particulièrement remarquée. Plusieurs expositions ont lieu par la suite, dans lesquelles apparaissent des chefs-d'œuvre comme *Bal au Moulin de la Galette* (1876), en 1877.

« IMPRESSION, J'EN ÉTAIS SÛR ! »

C'est le journaliste Louis Leroy, assistant à la première exposition en 1874, qui donne aux impressionnistes leur nom, en référence à une toile de Monet s'intitulant *Impression, soleil levant*. Se moquant de ce nouveau style que personne ne comprend, Leroy s'écrie : « Impression, j'en étais sûr ! Je me disais aussi, puisque je suis impressionné, il doit y avoir de l'impression là-dedans... » Il donne à son article le titre « Exposition des impressionnistes » dans *Le Charivari* du 25 avril 1874.

L'HEURE DES DOUTES

Grâce à ses relations, certaines œuvres de Renoir sont admises au Salon, notamment *Jeanne Samary* (1877), en 1879, qui représente l'un de ses modèles favoris. L'artiste commence en outre à recevoir des commandes, principalement des portraits. C'est également à cette époque qu'il rencontre à Montmartre, où il habite, celle qui deviendra son épouse et son modèle préféré, Aline Charigot (1854-1915). S'ouvre ensuite, en 1881, une période de voyages, notamment en Algérie et en Italie, qui modifient peu à peu sa manière de peindre.

En 1883, Durand-Ruel organise sa première rétrospective individuelle, tandis que Renoir doute et s'éloigne du groupe impressionniste. Il confie à Ambroise Vollard (1866-1939), l'un de ses marchands : « J'étais allé jusqu'au bout de "l'impressionnisme", et j'arrivais à cette constatation que je ne savais plus ni peindre ni dessiner. En un mot, j'étais dans une impasse. » (VOLLARD (Ambroise), *Auguste Renoir*, Paris, G. Crès et Cie,

1920, p. 135) Sa nouvelle période, dite ingresque, aigre ou sèche (1883-1890), influencée par le peintre Jean Auguste Dominique Ingres (1780-1867), qui se caractérise par un trait plus précis, des tons plus froids et un retour à un certain classicisme, est mal comprise tant par l'Académie que par l'avant-garde. Durand-Ruel l'encourage à changer de voie.

Devenu père avec la naissance de son fils Pierre en 1885, Renoir entame un cycle sur la maternité et réalise de nombreuses œuvres de commande. De son côté, en 1886, Durand-Ruel organise une exposition à New York, ouvrant aux impressionnistes les portes du marché de l'art américain.

LE NÉOCLASSICISME

Jean Auguste Dominique Ingres est un disciple de Louis David (1748-1825), peintre officiel d'État, dont les œuvres incarnent les exigences académiques de l'époque. Il est le chef de file du néoclassicisme, un mouvement qui privilégie la précision du trait, la finition des contours ou encore la pâleur de la chair. S'inspirant d'abord des peintres italiens Raphaël (1483-1520) et Titien (vers 1488-1576), Ingres se rapproche ensuite du maniérisme, notamment dans sa représentation distendue du nu. La sensualité exacerbée de ses sujets et son langage plastique trouvent une résonance particulière dans les œuvres de Renoir dès 1883.

LES HONNEURS DES CIMAISES

Renoir épouse Aline Charigot en 1890. Deux autres enfants naissent de cette union : Jean (1894-1979), le futur cinéaste, et Claude (1901-1969), dit Coco, qui deviendra céramiste. La palette du peintre revient alors vers plus de douceur, offrant une note intermédiaire entre l'impressionnisme et le style ingresque : cette période dite « nacrée » plaît au public. Son œuvre *Jeunes Filles au piano*, achevée en 1892, est acquise par l'État.

La propriété montmartroise tant aimée de Renoir, le *Château des brouillards*, ne convient malheureusement pas à sa polyarthrite. Aussi achète-t-il, après plusieurs séjours dans le Sud, une maison à Cagnes-sur-Mer. Malade et victime de rhumatismes qui l'empêchent de se déplacer, l'artiste peint pourtant jusqu'à son dernier soupir. Et comme pour conjurer le mauvais sort de cette paralysie, il s'essaie à la sculpture avec Richard Guino (1890-1973).

Après avoir vu ses enfants partir à la guerre et nombre de ses amis et son épouse tirer leur révérence, commandeur de la Légion d'honneur, suspendu aux cimaises du musée du Luxembourg, Renoir s'éteint en 1919, à l'âge de 78 ans, non sans avoir vu l'un de ses tableaux accroché au Louvre.

CARACTÉRISTIQUES

UN VIRTUOSE DE LA COULEUR

Même s'il a eu diverses sources d'inspiration et que sa peinture n'a cessé d'évoluer au fil du temps, Renoir est considéré comme un représentant majeur de l'impressionnisme. Ce courant qui, délaissant le dessin, place au cœur de ses préoccupations la lumière et le chromatisme, se définit principalement par la juxtaposition de petites touches de couleurs que l'œil associe avec du recul. De ces notes fragmentées naissent des vibrations qui engendrent une impression de vie, grâce au rendu des couleurs et de la lumière. L'impressionnisme s'ancre résolument dans son époque par la technique que les peintres du mouvement utilisent, résultant des dernières recherches et inventions (loi de Chevreul, photographie, apparition des tubes de peinture, etc.). Consciemment ou non, les œuvres des impressionnistes incarnent une société en pleine métamorphose, ce qui se traduit jusque dans l'essence même de leur peinture.

Très tôt, Renoir et ses compagnons remarquent que la couleur du sujet diffère selon la luminosité et l'atmosphère. La nécessité de peindre en plein air, pour cette raison notamment, devient alors évidente. Les impressionnistes se concentrent sur l'instantanéité, le caractère transitoire, la fugacité de la nuance. L'idéalisation académique et la représentation de l'universel s'inclinent au profit de la fragilité de l'éphémère. Plus précisément, Renoir se consacre à ce qu'il appelle la « mobilité lumineuse », obtenue par l'association de couleurs complémentaires – association qui, parfois, choque. C'est ce contraste de teintes qui crée le dessin, et non le modelé, comme c'était le cas auparavant. Les contours sont flous, d'où une impression de flottement et de vibration.

Renoir retranscrit ainsi dans ses toiles les pulsations de l'eau, le reflet des feuilles sur les robes qui tournoient, le froufrou des tissus, la lumière qu'esquisse le vent dans les branches, grâce à son travail remarquable sur la couleur. Écoutant les conseils de Narcisse Díaz de la Peña, qui lui recommande d'éviter le noir, très tôt l'artiste se met à peindre des ombres bleutées, ce qui devient l'une de ses caractéristiques majeures. Contrairement aux autres impressionnistes, il dilue très peu ses couleurs avec l'essence de térébenthine : elles sont donc très présentes physiquement, presque résineuses. Cette prépondérance de la couleur est sans doute inspirée par ses visites au Louvre et ses nombreux voyages qui lui ont permis d'admirer les œuvres d'artistes anciens et classiques tels que Pierre Paul Rubens (1577-1640), Raphaël, Diego Vélasquez (1599-1660), ou encore les peintres rococo (style né sous la Régence de Louis XV, au XVIIIe siècle). Aussi n'est-il pas étonnant que ces influences affleurent lorsque l'artiste recherche une autre voie.

LE CORPS, ENTRE INGRES ET LA NACRE

Si la touche devient différente, que le trait et le contour deviennent plus précis, voire s'assèchent, lors de la période ingresque, les thématiques de Renoir demeurent identiques. L'humain reste en effet au cœur de ses compositions. Après les scènes populaires et les portraits qui ponctuent la première partie de sa carrière, les corps s'exhibent, deviennent charnels, voluptueux, édéniques, monumentaux, et se dénudent de plus en plus : à partir de 1883, Ingres est présent en filigrane dans les œuvres de l'artiste. Les références à son époque s'estompent donc pour faire place à l'universalité. Renoir travaille davantage en atelier.

Après une dizaine d'années de recherches esthétiques, continuant à se remettre en cause, même au crépuscule de sa vie, Renoir s'éloigne peu à peu de cette rigueur. S'il garde la précision du modelé qui semble le satisfaire, son trait s'assouplit à nouveau au début des années 1890. Les tons deviennent alors soyeux, et la douceur dont le maître avait fait sa caractéristique affleure à nouveau. Les teintes de Watteau et de Boucher, qui l'avaient tant ému enfant, sont particulièrement mises à l'honneur lors de sa période nacrée, à mi-chemin entre l'impressionnisme et la période sèche. Avec les années qui s'écoulent, les tons se font plus chauds et tirent vers le magenta et ses déclinaisons, comme un hommage aux peintres italiens qu'il admire tant.

LE PEINTRE DE LA JOIE

Si certains artistes de son époque immortalisent sur leurs toiles le progrès naissant, avec l'invasion de l'acier et des nouveaux moyens de communication du XIXe siècle, Renoir se démarque en choisissant de ne peindre que les conséquences du progrès sur la société. Ainsi, ses scènes de prédilection sont populaires, et s'inscrivent dans un cadre urbain ou bucolique : il se fait le peintre des réunions joyeuses qui ponctuent le quotidien. Scènes en plein air, portraits, moments d'intimité, quels que soient la période et le style que Renoir emprunte, impressionniste, aigre ou nacré, ses œuvres représentent toujours un moment de joie profonde, exprimée ou ténue, populaire ou intime.

La particularité de Renoir est sans conteste d'avoir saisi les moments de jubilation auxquels s'adonne la société du XIXe siècle lors des dimanches après-midi en bord de Seine, pendant les bals en plein air ou encore dans les guinguettes. Autour d'une table, d'une balançoire, d'un piano, entre deux confidences, à l'opéra ou en bord de Seine, Renoir capture la fugacité du plaisir. Ses moments choisis sont des touches de bonheur éphémère, des instants volés à la quotidienneté ambiante. Plus tard, les scènes se feront plus intimes : une leçon, une toilette, une mère berçant son enfant, etc.

Ainsi, si les impressionnistes affectionnent particulièrement les paysages, Renoir peint merveilleusement celui de la joie, et en particulier celle des femmes et des enfants qu'il sait si bien mettre en valeur et qui occupe une place prépondérante dans son œuvre, comme il le dit lui-même : « Pour moi, un tableau doit être une chose aimable, joyeuse et jolie, oui jolie ! Il y a assez de choses embêtantes dans la vie pour que nous n'en fabriquions pas encore d'autres. Je sais bien qu'il est difficile de faire admettre qu'une peinture puisse être de la très grande peinture en restant joyeuse. » (Renoir, cité par Albert André dans son *Renoir* de 1923, in BONNAFOUX (Pascal), « Du côté des peintres », in *Correspondances impressionnistes*, Paris, Diane de Selliers, 2008, p. 14)

LA LOGE

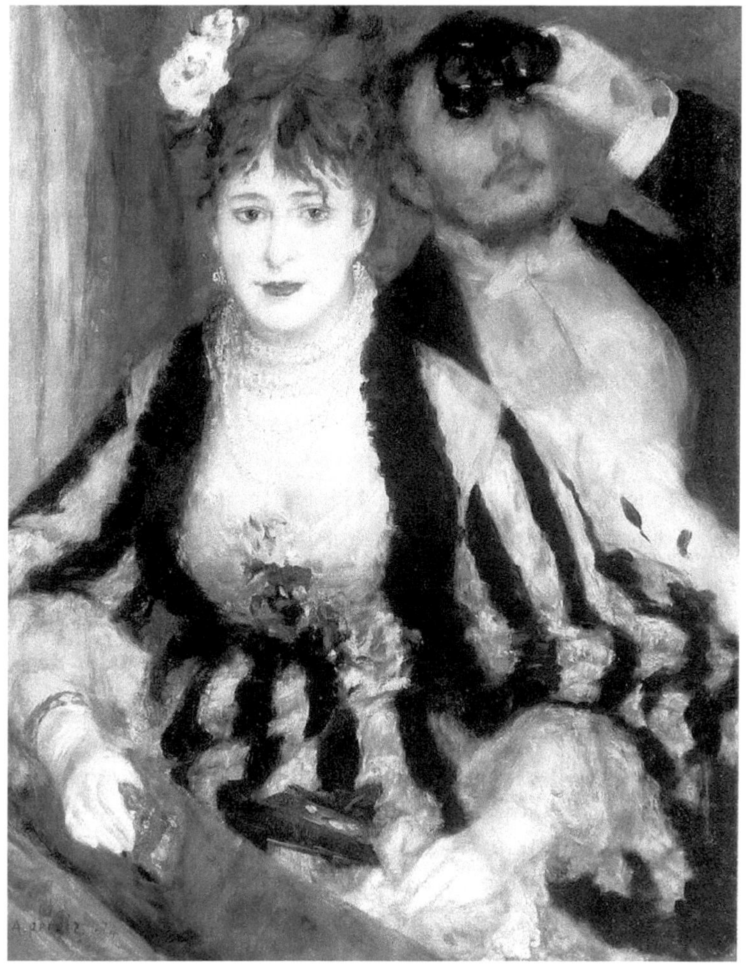

La Loge, 1874, huile sur toile, 80 × 63,5 cm, Londres, The Courtauld Institute of Art.

Cette œuvre, réalisée en 1874, est présentée lors de la première exposition des impressionnistes. Celle-ci fait date dans l'histoire de l'art, puisque c'est à cette occasion que le courant artistique est baptisé « impressionnisme ».

Ce tableau présente déjà la touche fractionnée qui affilie Renoir au mouvement, même si le modelé du visage est encore précis. Aussi l'artiste utilise-t-il toujours le noir à cette époque de sa carrière, afin de contraster avec la carnation très pâle de la femme représentée. Le contour foncé du décolleté encadre particulièrement sa gorge et son visage. En outre, les diagonales des manches font converger le regard vers ce dernier, particulièrement mis en valeur par le rouge carmin des lèvres. La peau de porcelaine et le charme du visage féminin sont caractéristiques de Renoir.

Cette femme, qui semble offerte au spectateur, se laisse volontiers admirer, tandis que l'homme derrière, en mal de distraction, cherche, à l'aide de ses jumelles d'opéra, une scène à observer. Placé au second plan, flou, il semble n'exister que pour mettre en valeur la femme, le sujet de prédilection de Renoir. Seules les teintes de leurs tenues les unissent.

L'homme n'est autre que le frère de l'artiste, Edmond Renoir. Le peintre aime particulièrement représenter ses proches dans ses œuvres. Quant au modèle, Nini Lopez, surnommée « Nini-Gueule-de-Raie », c'est la première fois qu'elle pose pour l'artiste, et ce tableau signe le début d'une longue collaboration.

BAL AU MOULIN DE LA GALETTE

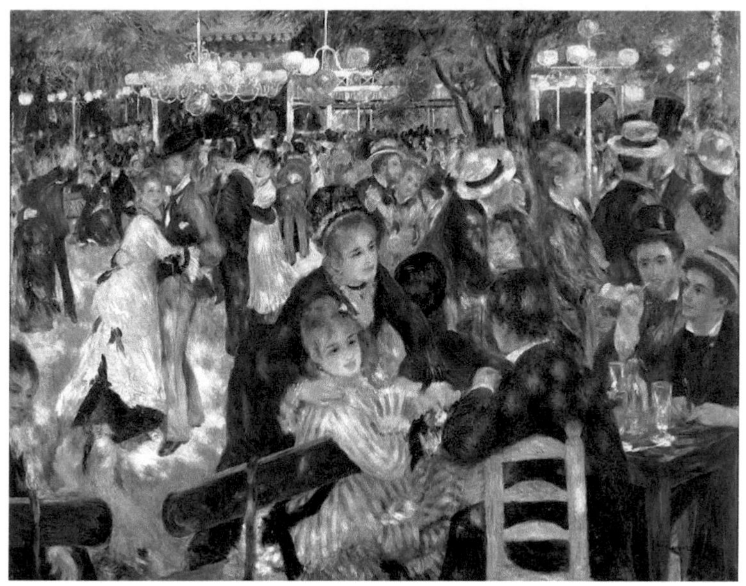

Bal au Moulin de la Galette, 1876, huile sur toile, 131 × 175 cm, Paris, musée d'Orsay.

Situé sur la butte Montmartre, où habite Renoir, le Moulin de la Galette est un ancien moulin reconverti en guinguette où l'on vient déguster des galettes, boire et danser. Les bals en plein air qui y sont organisés expliquent le succès du lieu. Véritable instantané des plaisirs populaires parisiens de la fin du XIXe siècle, cette œuvre, réalisée d'après nature, s'ancre parfaitement dans son époque.

La touche fragmentée est typiquement impressionniste. Les couleurs sont juxtaposées, et c'est le contraste entre elles qui esquisse le dessin. Les formes sont donc dissolues et les contours non définis. Dans cette œuvre, la « patte » de Renoir est nettement perceptible dans l'usage des ombres bleutées. La couleur danse et tournoie autant que les personnages : le sujet de la toile trouve ainsi une résonance dans la vibration des couleurs. Fond et forme se confondent pour n'être que danse et joie. Le rire irradie de l'œuvre. En effet, le mouvement des corps, l'expression des visages, la « mobilité lumineuse » chère à Renoir, le papillonnement des ombres et des couleurs qui caressent les robes et les couvre-chefs renvoient à une atmosphère de bonheur éphémère et fragile mais intense d'un après-midi d'été.

En 1896, lorsque l'œuvre entre au Luxembourg par le legs Caillebotte – du nom de Gustave Caillebotte (1848-1894), peintre et mécène longtemps propriétaire du tableau –, elle est saluée par la critique. Vingt ans après sa réalisation, elle est considérée comme l'un des chefs-d'œuvre de l'impressionnisme.

LE DÉJEUNER DES CANOTIERS

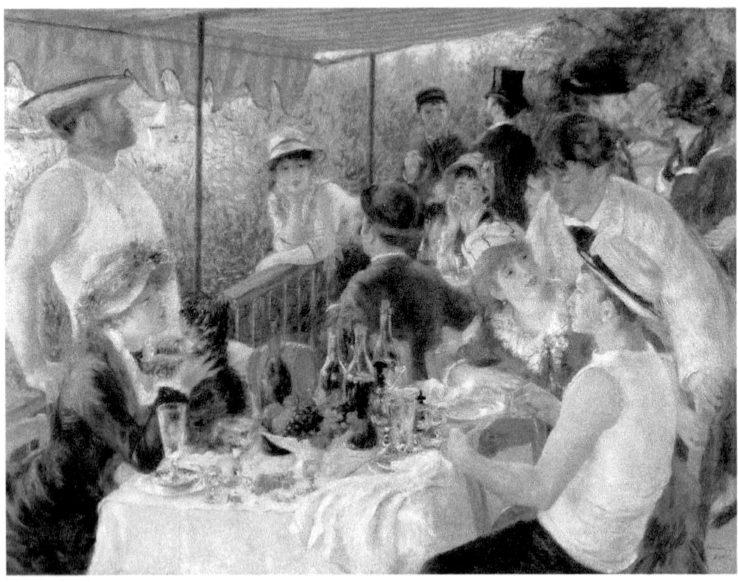

Le Déjeuner des canotiers, vers 1880, huile sur toile, 129,7 × 172,7 cm, Washington D.C., The Phillips Collection.

Malgré les difficultés financières que connaît Renoir à l'époque où il peint ce tableau, cette scène, réalisée sur le motif, est pleine de vie et illustre le divertissement de la société parisienne du XIXᵉ siècle. Le développement des chemins de fer rend désormais la campagne, ici Chatou, accessible aux Parisiens, qui s'adonnent alors avec frénésie aux plaisirs simples qu'elle offre. Cette partie de campagne à laquelle nous convie Renoir est à la fois très ancrée dans son époque et en même temps universelle en raison de sa thématique, le partage du repas. C'est l'un des derniers grands chefs-d'œuvre de sa période impressionniste.

Comme c'est souvent le cas, ce tableau met en scène des amis et des connaissances de Renoir. Au premier plan, à gauche, on retrouve Aline Charigot, sa future femme. Elle joue avec son chien, symbole de fidélité et d'intimité. Derrière elle se tient, debout, le fils du père Fournaise, propriétaire de l'auberge dans laquelle se déroule la scène. Son regard se perd au loin, sans doute s'imprègne-t-il de l'ambiance paisible du moment, tandis que sa sœur, accoudée sur la même rambarde, converse avec le baron Raoul Barbier. Au fond, coiffé d'un haut de forme, l'éditeur Ephrussi est en grande discussion avec le poète Jules Laforgue.

Au premier plan, à droite, assis à califourchon, se trouve Gustave Caillebotte, l'un des premiers soutiens des impressionnistes. Il tend une oreille vers Ellen André, actrice et modèle régulier de Renoir, tandis que le directeur de rédaction du journal *Le Triboulet*, Maggiolo, se penche vers cette dernière, formant le sommet d'une composition triangulaire. Au-dessus d'eux, un autre ensemble se compose également de deux hommes et d'une femme : le journaliste Paul Lhote et Pierre-Eugène Lestringez, un ami d'enfance de Renoir, semblent faire rougir la femme qui porte les mains à son visage. C'est l'actrice Jeanne Samary, qui prend souvent la pose pour Renoir. D'ailleurs, peut-être surjoue-t-elle un peu. Plus au centre, un autre modèle du peintre, Angèle, porte un verre à ses lèvres tandis qu'un homme, en qui certains reconnaissent Renoir, tente d'attirer son attention. L'artiste se serait ainsi discrètement glissé dans la toile pour éviter de représenter treize personnes...

Les serviettes froissées et les verres à moitié vides montrent que le déjeuner s'achève. Le temps s'écoule, à l'instar de la Seine, que l'on aperçoit au fond. Les hommes en tenue décontractée portent un canotier renvoyant à l'activité nautique favorite de l'époque.

Au croisement de la diagonale montante partant d'Aline Charigot et de la ligne horizontale des personnages du premier plan se trouvent les bouteilles de vin, mises en évidence par la verticalité des piliers et par la blancheur de la nappe, sans doute pour souligner que ce tableau est un hymne aux plaisirs simples. L'amitié, le partage et la convivialité sont des valeurs fortes que Renoir aime véhiculer. Toute son existence, il représente ses amis sur ses toiles et vit entouré d'eux.

Si les jeux de lumière et la touche segmentée du peintre appartiennent de toute évidence à l'impressionnisme, les silhouettes sont cependant plus dessinées et plus structurées que dans les précédentes toiles de l'artiste. La manière de peindre de Renoir semble avoir légèrement évolué. Le point central du tableau est le personnage de dos pris pour l'artiste lui-même. Le peintre voudrait-il inconsciemment signifier qu'il se tourne vers d'autres horizons artistiques ?

LES PARAPLUIES

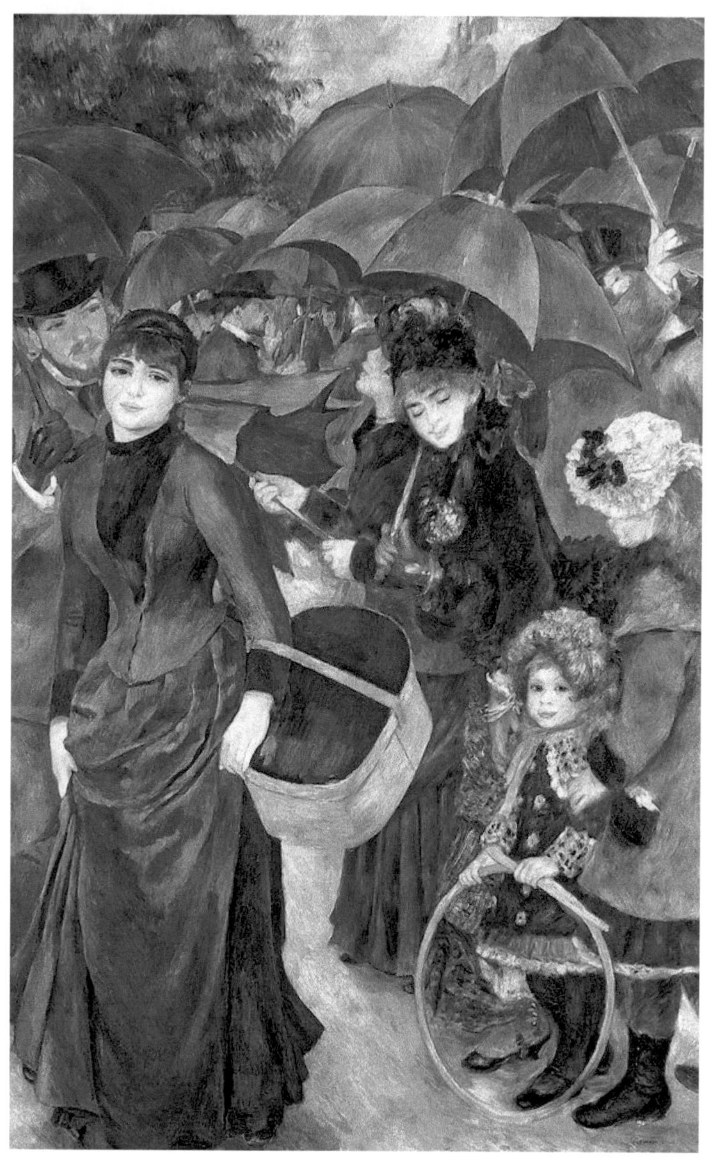

Les Parapluies, 1881-1885, huile sur toile, 180,3 × 114,9 cm, Londres, National Gallery.

Ce tableau, réalisé entre 1881 et 1885, porte en lui la dualité du peintre en cette période artistique charnière. Renoir est en effet divisé en deux : la foule et la mère accompagnée de ses deux fillettes forment un premier ensemble, nettement séparé, par un espace significatif, de la femme située au premier plan qui regarde le spectateur. La différence entre les deux dames s'exprime par leur toilette : celle de droite incarne la mode du début des années 1880, tandis que l'autre représente celle du milieu de la décennie. Mais ce n'est pas tant le style vestimentaire que le langage pictural qui oppose les deux figures féminines : celle de droite n'est que douceur et profondeur, tant dans les tons que dans la facture de la peinture, morcelée, impressionniste, tandis que le personnage principal, qui s'avance d'un air décidé, est plus froid, plus net, plus défini. Désormais, des aplats de couleur remplacent l'éclatement de la touche.

La fillette, aux contours flous et emplie de lumière, est un dernier hommage à l'impressionnisme. Son cerceau nous indique-t-il que l'artiste a fait le tour de la question ? La mère, de facture similaire, baisse les yeux, tandis que l'autre femme regarde droit devant elle, sans doute promise à un avenir. Tous les personnages se protègent de la pluie, sauf cette dernière. Quelque peu à l'écart de la scène, elle constitue un hymne à la féminité.

Avec cette œuvre, Renoir entame sa période sèche, et ce personnage semble incarner à lui seul l'évolution de son art. Réalisé par l'artiste en pleine recherche, lors d'une phase transitoire, ce tableau, à la dichotomie intrinsèque évidente, rebute les acheteurs.

LES GRANDES BAIGNEUSES

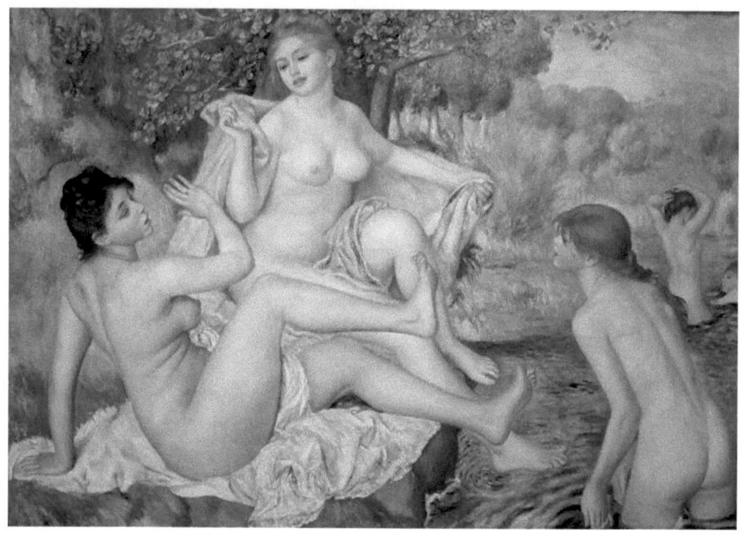

Les Grandes Baigneuses, 1884-1887, huile sur toile, 117,8 × 170,8 cm, Philadelphie, Philadelphia Museum of Art.

Dans ce tableau, la femme blonde n'est autre qu'Aline Charigot, tandis que la brune est un autre modèle proche du peintre, Suzanne Valadon.

Si cette œuvre s'inspire d'un bas-relief du sculpteur François Girardon (1628-1715), on ne peut s'empêcher, à la vue de ces madones voluptueuses, de penser également à Ingres dont l'influence sur la peinture de Renoir, à cette époque, se ressent de plus en plus. Le trait est précis, le modelé des sujets clairement défini et lisse, les tons plus froids. De plus, le travail est effectué en atelier et les personnages, colossaux, se superposent au décor.

Le peintre se concentre sur les formes et l'hypertrophie des corps, qu'il allonge à l'extrême. Cette recherche sur le volume et la distorsion de l'anatomie influence les peintres émergents, surtout ceux qui, à l'instar de Renoir, s'essaient à la sculpture, comme Henri Matisse (1869-1954) ou Pablo Picasso (1881-1973). Monet et l'avant-garde saluent cette œuvre, mais elle ne séduit ni la critique, ni le marchand Durand-Ruel. Il s'agit de la dernière grande toile de la période ingresque de l'artiste.

JEUNES FILLES AU PIANO

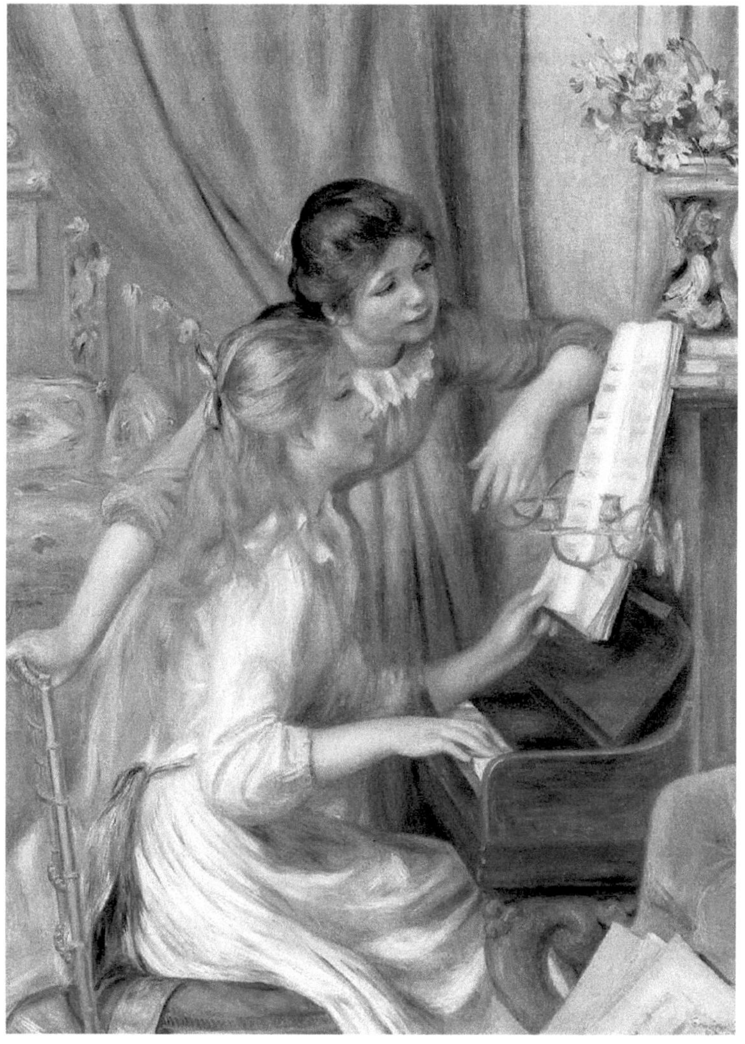

Jeunes Filles au piano, 1892, huile sur toile, 116 × 90 cm, Paris, musée d'Orsay.

La thématique de cette œuvre est l'une de ces scènes classiques et intemporelles qui jalonnent l'histoire de l'art. Renoir plante son décor dans un intérieur bourgeois et confortable, sans doute pour rassurer et convaincre les acheteurs. Se détournant de l'influence d'Ingres, il revient à ce qui lui est familier. Sa manière de peindre s'assouplit tout en conservant une certaine précision dans le trait, en particulier pour la représentation des visages. Les tons se réchauffent, le magenta évoque les teintes vénitiennes qui l'émerveillent, et la touche est douce et voluptueuse. C'est le début de sa période nacrée, qui connaît une meilleure réception de la part du public. Les visages féminins et enfantins restent le thème de prédilection du peintre, qui excelle à représenter leurs expressions.

Renoir sait que l'État se porte acquéreur de cette toile. Aussi reprend-il plusieurs fois cette œuvre dont une version figure aujourd'hui au musée de l'Orangerie. Grâce à son ami poète Stéphane Mallarmé (1842-1898), qui intercède en sa faveur auprès du directeur du musée du Luxembourg, musée d'art contemporain de l'époque, Renoir, avec ce tableau, désormais exposé au musée d'Orsay, est le premier des impressionnistes à faire son entrée officielle dans un musée étatique. Cette admission marque le premier pas vers la reconnaissance.

RENOIR, UNE SOURCE D'INSPIRATION

Si c'est le Renoir impressionniste qui connaît aujourd'hui la meilleure réception auprès du public, la jeune avant-garde assoiffée d'art moderne, comme Pierre Bonnard (1867-1947), Henri Matisse et Pablo Picasso, s'intéresse plutôt à ses recherches ultérieures.

Même s'il est déjà influencé par l'impressionnisme de Renoir, Pierre Bonnard est surtout fasciné par la période plus tardive de l'artiste. On note une prédilection pour les scènes intimes du maître, notamment pour sa thématique de la toilette. Ainsi, dans *Femme nue assise* (vers 1910), comme dans la *Femme assise de dos* (vers 1895) de Renoir, les tons sont froids, la pièce est baignée d'une lumière bleu vert et la pose est similaire : le modèle se heurte à l'aplomb du mur.

Différent sujets du maître nourrissent l'inspiration des avant-gardistes. Ainsi, Henri Matisse, connu pour ses couleurs vives, s'imprègne de certaines atmosphères de Renoir. L'*Odalisque ou La Femme d'Alger* (1870) trouve une résonance particulière dans l'*Odalisque à la culotte rouge* (1924-1925) de Matisse. Les étoffes, les couleurs chatoyantes, le luxe mystérieux de l'Orient, la pose lascive des deux odalisques ou encore la verticalité du mur qui s'oppose à l'horizontalité du modèle se font écho. La table en arrière-plan, sur laquelle se trouve une nature morte, achève d'apparenter les deux tableaux. En outre, dans le *Nu bleu* (1907) de Matisse, on retrouve pratiquement la même attitude que dans la *Boulangère II* (vers 1902-1904) du maître. Le cadrage est similaire, la femme alanguie occupant tout le premier plan, et le corps est plein, ferme, voluptueux. Les tons bleutés de la chair sont emprunts de Renoir, tout comme la façon de traiter le sujet, superposé au décor.

Mais la plus grande influence de Renoir sur l'avant-garde réside dans sa manière de traiter les volumes. En effet, la monumentalité des personnages qui occupent l'espace, au risque de les rendre monstrueux, se retrouve dans l'iconographie de nombreux peintres ultérieurs. Cette hypertrophie du corps est certes présente chez Matisse, mais aussi chez Pablo Picasso, fasciné par le travail de Renoir sur le volume. *La Baigneuse assise dans un paysage* (1895-1900) de Renoir et le *Nu assis s'essuyant les pieds* (1921) de Picasso présentent d'étranges similitudes. Inspiré par *Le Tireur d'épine du Capitole* (Ier siècle av. J.-C.), nul doute que le tableau de Renoir marque le peintre espagnol, puisqu'il figure dans sa collection personnelle.

Ainsi, contrairement à ce que d'aucuns pensent, l'influence de Renoir sur l'art avant-gardiste du XXe siècle est incontestable. Loin d'être de simples épigones, ces peintres novateurs retranscrivent cette inspiration avec toute la modernité qui les caractérise, tout en conservant du maître l'intimité, la pose, les formes voluptueuses des nus ou encore le souffle de la monumentalité. Il n'est pas anodin que Picasso et Matisse se soient également adonnés à la sculpture, corroborant ainsi l'importance du travail sur le volume de Renoir. À cet égard, Durand-Ruel écrit : « Renoir est l'homme qui a le plus influencé la sculpture moderne [...]. C'est par son pinceau qu'il eut cette influence, par sa forme, ses masses, son ampleur et l'esprit sculptural de sa figure. » (GIMPEL (René), *Journal d'un collectionneur-marchand de tableaux*, Paris, Calmann-Lévy, 1963, p. 181)

EN RÉSUMÉ

- L'œuvre de Renoir traduit les bouleversements sociaux qui ont lieu au milieu et à la fin du XIXe siècle, conséquences de la révolution industrielle. Par ailleurs, ses toiles portent en leur sein les inventions majeures de l'époque – photographie, tubes de peinture, loi Chevreul – et ancrent sa production dans la modernité.

- Renoir est un peintre impressionniste majeur, en rupture avec l'art académique officiel du Salon. Il se distingue notamment par son travail sur la couleur. Dans ses œuvres, c'est le contraste des teintes qui crée le dessin, et les contours sont flous, d'où une impression de flottement, de vibration et de vie.

- Ses personnages de prédilection sont les femmes et les enfants, tandis que les thèmes de ses œuvres renvoient aux nouveaux divertissements de la société parisienne de l'époque : après-midi en bord de Seine, canotage, bals en plein air ou dans les guinguettes, etc. Renoir est sans nul doute le peintre de la joie, capable de retranscrire sur ses toiles ces moments de bonheur éphémère.

- S'éloignant à un moment de l'impressionnisme, à partir de 1883, Renoir connaît une période dite « ingresque », caractérisée par un trait plus précis et la mise en scène de corps monumentaux, puis, dans les années 1890, une période dite « nacrée », au cours de laquelle il revient à plus de douceur.

- Renoir influence l'avant-garde du XXe siècle, notamment des peintres tels que Bonnard, Matisse et Picasso, principalement par son travail sur le corps et le volume, bien qu'il soit aujourd'hui surtout célèbre pour son œuvre impressionniste.

POUR ALLER PLUS LOIN

SOURCES BIBLIOGRAPHIQUES

- « À la rencontre de Pierre Auguste Renoir », sur www.renoir.chez. com, http://renoir.chez.com/renoir1.htm, consulté le 20/06/14.
- BONNAFOUX (Pascal), « Du côté des peintres », in *Correspondances impressionnistes*, Paris, Diane de Selliers, 2008.
- CABANÈS (Jean-Louis) *et alii, Les Goncourt dans leur siècle. Un siècle de « Goncourt »*, Paris, Presses universitaires du Septentrion, 2005.
- CABANNE (Pierre), *L'Art du XIXe siècle*, Paris, Somogy, 1989.
- CACHIN (Françoise), BRETTELL (Richard R.) et AMIC (Sylvain), *L'Impressionnisme, de France et d'Amérique : Monet, Renoir, Sisley, Degas*, Paris, Artlys, 2007.
- COLLECTIF, *Correspondances de Renoir et Durand-Ruel*, 1907-1919, Paris, Bibliothèque des arts, 2001.
- COLLECTIF, *Renoir au XXe siècle*, catalogue de l'exposition, Paris, RMN, 2009.
- COMPIN (Isabelle) et ROQUEBERT (Anne), *Catalogue sommaire illustré des peintures du musée du Louvre et du musée d'Orsay*, Paris, RMN, 1986.
- DURET (Théodore), « Histoire des impressionnistes : Renoir », sur www.agora.qc.ca, http://agora.qc.ca/documents/auguste_renoir-histoire_des_peintres_impressionnistes__renoir_par_theodore_duret, consulté le 26/06/2014.
- « Estampes et livres illustrés de l'art ukiyo-e du département des Estampes et de la Photographie », sur www.bnf.fr, http://expositions. bnf.fr/japonaises/reperes/01.htm, consulté le 22/06/2014.
- FERLONI (Michel), *Encyclopédie des impressionnistes*, Lausanne, Edita S.A., 1992.

- Fᴇᴢᴢɪ (Elda), *Tout l'œuvre peint de Renoir : période impressionniste,* 1869-1883, Paris, Flammarion, 1985.
- Fᴏᴜʀᴄᴀᴅᴇ (Dominique) (sous la dir.), *Henri Matisse. Écrits et propos sur l'art,* Paris, Hermann, 1976.
- Gɪᴍᴘᴇʟ (René), *Journal d'un collectionneur-marchand de tableaux,* Paris, Calmann-Lévy, 1963.
- Hᴀᴇsᴀᴇʀᴛs (Paul), *Renoir sculpteur,* Bruxelles, Éditions Hermès, 1947.
- Lᴀᴄᴀᴍʙʀᴇ (Geneviève), sous la dir. de Bernadette Lemoine, « Le japonisme du XIXe siècle : nouvelles orientations de recherche », in *Regards et discours européens sur le Japon et l'Inde au XIXe siècle,* Limoges, Université de Limoges, actes du colloque du 3-4 juin 1998.
- Pᴀᴛʀʏ (Sylvie), *Renoir au XXe siècle,* Paris, coédition RMN-Gallimard, coll. Hors-série Découverte Gallimard, 2009.
- « Pierre Auguste Renoir, peintre de la vie heureuse », sur http://www.impressionniste.net, http://www.impressionniste.net/renoir.htm, consulté le 23/06/2014.
- Pᴏʟᴇᴛᴛɪ (Federico), *L'Art au XXe siècle. Les avant-gardes,* Paris, Hazan, 2006.
- Rᴇɴᴏɪʀ (Jean), *Pierre-Auguste Renoir, mon père,* Paris, Gallimard, 1981.
- Vᴀᴜᴅᴏʏᴇʀ (Jean-Louis), *Les Impressionnistes,* Paris, Flammarion, 1953.
- Vᴏʟʟᴀʀᴅ (Ambroise), *Auguste Renoir,* Paris, G. Crès et Cie, 1920.

SOURCES ICONOGRAPHIQUES

- Rᴇɴᴏɪʀ (Pierre-Auguste), *Autoportrait,* 1875, huile sur toile, 39,1 × 31,7 cm, Williamstown, Sterling and Francine Clark Art Institute. La photo reproduite est réputée libre de droits.
- Rᴇɴᴏɪʀ (Pierre-Auguste), *Bal au Moulin de la Galette,* 1876, huile sur toile, 131 × 175 cm, Paris, musée d'Orsay. La photo reproduite est réputée libre de droits.

- RENOIR (Pierre-Auguste), *Jeunes Filles au piano*, 1892, huile sur toile, 116 × 90 cm, Paris, musée d'Orsay. La photo reproduite est réputée libre de droits.
- RENOIR (Pierre-Auguste), *La Loge*, 1874, huile sur toile, 80 × 63,5 cm, Londres, The Courtauld Institute of Art. La photo reproduite est réputée libre de droits.
- RENOIR (Pierre-Auguste), *Le Déjeuner des canotiers*, vers 1880, huile sur toile, 129,7 × 172,7 cm, Washington, D.C., The Phillips Collection. La photo reproduite est réputée libre de droits.
- RENOIR (Pierre-Auguste), *Les Grandes Baigneuses*, 1884-1887, huile sur toile, 117,8 × 170,8 cm, Philadelphie, Philadelphia Museum of Art. La photo reproduite est réputée libre de droits.
- RENOIR (Pierre-Auguste), *Les Parapluies*, 1881-1885, huile sur toile, 180,3 × 114,9 cm, Londres, National Gallery. La photo reproduite est réputée libre de droits.

SOURCES COMPLÉMENTAIRES

- *Renoir*, film de Gilles Bourdos, avec Michel Bousquet, Vincent Rottiers, Christa Theret, France, 2013.

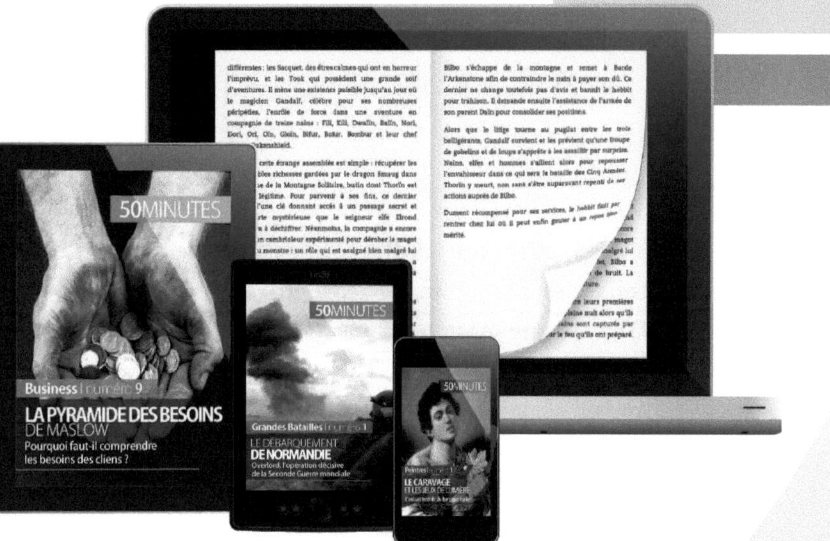

SOYEZ LÀ
OÙ ON NE VOUS ATTEND PAS !

www.50minutes.com

© 50MINUTES, 2014. Tous droits réservés. Pas de reproduction sans autorisation préalable.
50MINUTES est une marque déposée

www.50minutes.com

Éditeur responsable : Lemaitre Publishing
Rue Lemaitre 6 | BE-5000 Namur
info@lemaitre-editions.com

ISBN ebook : 978-2-8062-5788-8
ISBN papier : 978-2-8062-5789-5
Dépôt légal : D/2014/12603/160
Photo de couverture : © *Autoportrait*, par Auguste Renoir, 1875.

Conception numérique : Primento,
le partenaire numérique des éditeurs